D1703960

小凡的生日

是读龙坛图书系列中的绘本之一。目的是让您的孩子在耳濡目染之下学习汉语及认识汉字。书中的故事以日常生活情景为主，采三种语言叙述同一个故事，语言之间不作逐字翻译，以保留语言风格并使文章流畅，培养孩子的语感。

Xiao Fan's Geburtstag

ist ein Bilderbuch in drei Sprachen aus der Schriftreihe „Das Podium der Lesedrachen“. Mittels der Bilderbuchgeschichten aus dem Alltag soll der Einstieg in die chinesische Sprache erleichtert werden. Aus stilistischen Gründen wird der Text nicht wortwörtlich von einer Sprache in die andere Sprache übersetzt. In erster Linie soll das Sprachgefühl vermittelt werden.

Xiao Fan's Birthday

is a picture book of the series: ‘The Podium of the Reading Dragons’, which adopts three languages. The introduction to the Chinese language should be made easier by means of picture storytelling of daily life scenes. For stylistic reasons, the text is not translated word by word from one language into another. In the first line, the linguistic notion should be given.

传统字旁注音符号括弧表示该字有其他读音

Die viereckigen Klammern in den Fußzeilen weisen auf ein Zeichen hin, das Aussprachevariante/n hat.

The square brackets in the footnote point out a character, which has pronunciation variant/s.

Zweite Auflage Dezember 2007 / Second edition December 2007

小凡的生日
Xiao Fan's Geburtstag
Xiao Fan's Birthday

Geierweg 28, 73434 Aalen, Germany
www.aquarmas.de
info@aquarmas.de

Illustration Wan-qian Huang / 圖 黄婉茜
Text Wen-hui Ke / 文 柯文惠

太	阳	出	来	了	。	今	天	是	个	很	特	别	的	日	子，
Tài	yáng	chū	lái	le	.	Jīn	tiān	shì	ge	hěn	tè	bié	de	rì	zhi.

了	好	多	小	蛋	糕	。	这	些	小	蛋	糕	是	要	给	小
le	hǎo	duō	xiǎo	dàn	gāo	.	Zhè	xīe	xiǎo	dàn	gāo	shì	yào	gěi	Xiǎo

迟	到	了	，	小	凡	和	妈	妈	赶	紧	拿	着	背	包	上
chí	dào	le,		Xiǎo	Fán	hé	mā	ma	gǎn	jǐn	ná	zhe	bèi	bāo	shàng

阳	个	满	岁	妈	妈	这	给	儿	园	学	迟
yáng	ge	mǎn	suì	mā	ma	zhè	gěi	ér	yuán	xué	chí
陽ㄧㄤˊ	個ㄍㄜ˙	滿ㄇㄢˇ	歲ㄙㄨㄟˋ	媽ㄇㄚ	媽ㄇㄚ˙	這ㄓㄜˋ	給ㄍㄟˇ	兒ㄦˊ	園ㄩㄢˊ	學ㄒㄩㄝˊ	遲ㄔˊ

The sun is shining!
Today is a special day
for Xiao Fan.
It is his birthday!
He turns 4 years old.

Mummy has gotten up very
early. She has baked many
muffins for the children
in the kindergarten.

They quickly pack Xiao Fan's backpack and off they go to the kindergarten.

小 凡 满 四 岁 罗 ！ 妈 妈 一 大 早 就 起 床 烤
Xiǎo Fán mǎn sì sùei luo ! Mā ma yí dà zǎo jiù qǐ chuáng kǎo

凡 和 幼 儿 园 其 他 小 朋 友 吃 的 。 上 学 要
Fán hé yòu ér yuán qí tā xiǎo péng yǒu chī de . Shàng xué yào

幼 儿 园 去 。
yòu ér yuán qù.

赶 gǎn 趕 ㄍㄢˇ
紧 jǐn 緊 ㄐㄧㄣˇ
着 zhe 著 ㄓㄜ˙

Xiao Fan saust mit seinem Roller über den Gehweg.
Und schon sind sie im Kindergarten.
Xiao Fan zieht seine Straßenschuhe aus und seine Hausschuhe an.
Noch bevor er fertig ist, kommt Elias hinter der Tür hervor.
Er möchte Xiao Fan gleich zum Geburtstag gratulieren.
Xiao Fan winkt der Mama zum Abschied.

小 凡 在 人 行 道 上 飞 快 地 踩 着 滑 板 车，
Xiǎo Fán zài rén xíng dào shàng fēi kuài de cǎi zhe huá bǎn chē

很 快 地 他 和 妈 妈 就 来 到 幼 儿 园 。 跟
hěn kuài de tā hé mā ma jiù lái dào yòu ér yuán. Gēn

平 常 一 样，他 脱 下 外 出 鞋，穿 上 室 内 鞋 。
píng cháng yí yàng, tā tuō xià wài chū xié, chuān shàng shì nèi xié .

飞	着	车	妈	妈	来	儿	园	样
fēi	zhe	chē	mā	ma	lái	ér	yuán	yàng
飛ㄈㄟ	著˙ㄓㄜ	車ㄔㄜ	媽ㄇㄚ	媽˙ㄇㄚ	來ㄌㄞˊ	兒ㄦˊ	園ㄩㄢˊ	樣ㄧㄤˋ

Xiao Fan whizzes with his scooter over the pavement.
Soon they arrive at the kindergarten. Xiao Fan takes off his outdoor shoes
and puts on his slippers. Before he has finished, Elias appears
from behind the door. He cannot wait to say ‘Happy Birthday!’ to Xiao Fan.
Xiao Fan waves good-bye to his mummy.

还	没	换	好	，	艾	立	就	已	经	出	现	在	门	后
Hái	méi	huàn	hǎo	,	Ài	Lì	jiù	yǐ	jīng	chū	xiàn	zài	mén	hòu

面	了	。	他	等	不	及	要	向	小	凡	说	：	「生	日
miàn	le	.	Tā	děng	bù	jí	yào	xiàng	Xiǎo	Fán	shuō	:	„ Shēng	rì

快	乐	！」	小	凡	向	妈	妈	挥	手	说	再	见	。
kuài	lè	! “	Xiǎo	Fán	xiàng	mā	ma	huī	shǒu	shuō	zài	jiàn	.

还	换	经	现	门	后	乐	挥	说	见
hái	huàn	jīng	xiàn	mén	hòu	lè	huī	shuō	jiàn
還[ㄏㄞˊ]	換ㄏㄨㄢˋ	經ㄐㄧㄥ	現ㄒㄧㄢˋ	門ㄇㄣˊ	後ㄏㄡˋ	樂[ㄌㄜˋ]	揮ㄏㄨㄟ	說ㄕㄨㄛ	見ㄐㄧㄢˋ

Dann kommt Xiao Fan ins Zimmer der Mäusegruppe. Er begrüßt die Erzieherinnen mit einem fröhlichen „Guten Morgen!“. Die anderen Kinder hören auf zu spielen. Sie kommen aus ihren Spielecken. Alle wollen Xiao Fan zum Geburtstag gratulieren. Er wird ganz rot vor Freude. So etwas hat er noch nie erlebt.

小 凡 走 进 幼 鼠 班 的 教 室 。 他 高 兴 地 向
Xiǎo Fán zǒu jìn yòu shǔ bān de jiào shì. Tā gāo xìng de xiàng

停 止 游 戏 ， 从 各 个 角 落 跑 向 小 凡 ， 每
tíng zhǐ yóu xì , cóng gè ge jiǎo luò pǎo xiàng Xiǎo Fán , měi

凡 开 心 得 脸 颊 通 红 ， 他 还 从 未 有 过 这
Fán kāi xīn de liǎn jiá tōng hóng , tā hái cóng wèi yǒu guò zhè

进	兴	儿	园	师	游	戏	从	个	乐	开	脸
jìn	xìng	ér	yuán	shī	yóu	xì	cóng	ge	lè	kāi	liǎn
進	興	兒	園	師	遊	戲	從	個	樂	開	臉

幼 儿 园 老 师 道 ：「早 安 ！」。 其 他 小 朋 友
yòu ér yuán lǎo shī dào : „ Zǎo ān ! “ . Qí tā xiǎo péng yǒu

个 小 朋 友 都 想 要 祝 小 凡 生 日 快 乐 。 小
ge xiǎo péng yǒu dōu xiǎng yào zhù Xiǎo Fán shēng rì kuài lè . Xiǎo

样 的 经 历 。
yàng de jīng lì .

颊	还	过	这	样	经	历
jiá	hái	guò	zhè	yàng	jīng	lì
頰ㄐㄧㄚˊ	還ㄏㄞˊ	過ㄍㄨㄛˋ	這ㄓㄜˋ	樣ㄧㄤˋ	經ㄐㄧㄥ	歷ㄌㄧˋ

Für den Nachmittag hat Xiao Fan seine besten
Freunde eingeladen. Es sind Mattan und Elias.
Sie werden gleich kommen.
Eifrig fragt Xiao Fan seine Mama: „Darf ich schon
die Muffins aus dem Kühlschrank holen?“
Mama nickt und deckt den Tisch mit drei kleinen
Tellern und drei Bechern in verschiedenen Farben.

下午，小凡请他最要好的朋友来家里
Xià wǔ , Xiǎo Fán qǐng tā zuì yào hǎo de péng yǒu lái jiā lǐ

人马上就要来了，他迫不及待地问妈
rén mǎ shàng jiù yào lái le , tā pò bù jí dài de wèn mā

来了吗？」妈妈点点头并在桌子上摆了
lái le ma ? “ Mā ma diǎn diǎn tóu bìng zài zhuō zi shàng bǎi le

请	们	来	里	马	来	问	妈	妈	说	吗	从
qǐng	men	lái	lǐ	mǎ	lái	wèn	mā	ma	shuō	ma	cóng
請ㄑㄧㄥˇ	們ㄇㄣ˙	來ㄌㄞˊ	裡ㄌㄧˇ	馬ㄇㄚˇ	來ㄌㄞˊ	問ㄨㄣˋ	媽ㄇㄚ	媽ㄇㄚ˙	說ㄕㄨㄛ	嗎ㄇㄚ˙	從

Xiao Fan has invited his best friends to come over in the afternoon. They are Mattan and Elias. They will be here any minute.
Xiao Fan asks his mummy: 'May I take the muffins out of the refrigerator now?'
Mummy nods and sets the table with three small plates and three mugs in different colours.

做 客 ， 他 们 是 莫 唐 和 艾 立 。 小 凡 的 客
zuò kè , tā men shì Mò Táng hé Ài Lì . Xiǎo Fán de kè

妈 说 ：「 我 可 以 把 小 蛋 糕 从 冰 箱 里 拿 出
ma shuō : „ Wǒ kě yǐ bǎ xiǎo dàn gāo cóng bīng xiāng lǐ ná chū

三 个 小 盘 子 和 三 个 不 同 颜 色 的 杯 子 。
sān ge xiǎo pán zi hé sān ge bù tóng yán cè de bēi zi.

点	头	并	摆	盘
diǎn	tóu	bìng	bǎi	pán
點 ㄉㄧㄢˇ	頭 ㄊㄡˊ	並 ㄅㄧㄥˋ	擺 ㄅㄞˇ	盤 ㄆㄢˊ

Endlich sind die Freunde da. Mattan schenkt Xiao Fan ein Buch, denn er weiß, dass Xiao Fan gern liest. „Toll, da ist ja eine CD dabei!“, ruft Xiao Fan vor Begeisterung. Von Elias bekommt er Sandkastenspielzeug: ein Eimer, eine Schaufel, ein Rechen und zwei Backförmchen. Sogar ein Schaufelbagger ist auch dabei.

小 凡 的 朋 友 们 终 于 到 了。莫 唐 送 小 凡 一
Xiǎo Fán de péng yǒu men zhōng yú dào le . Mò Táng sòng Xiǎo Fán yì

棒 了 ！」小 凡 高 兴 地 欢 呼 ：「还 有 故 事 光
bàng le ! “ Xiǎo Fán gāo xìng de huān hū , „ Hái yǒu gù shì guāng

一 个 小 桶、一 把 铲 子、一 把 耙 子 和 两 个 模
yí ge xiǎo tǒng, yì bǎ cǎn zi , yì bǎ pá zi hé liǎng ge mó

们	终	于	书	为	欢	兴	还	盘	里	給	个
men	zhōng	yú	shū	wèi	huān	xìng	hái	pán	lǐ	gěi	ge
們 ㄇㄣ˙	終 ㄓㄨㄥ	於 ㄩˊ	書 ㄕㄨ	為 ㄨㄟˋ	歡 ㄏㄨㄢ	興 ㄒㄧㄥˋ	還 ㄏㄞˊ	盤 ㄆㄢˊ	裡 ㄌㄧˇ	給 ㄍㄟˇ	個 ㄍㄜ˙

Finally, his friends arrive.
Mattan gives Xiao Fan a book.
He knows that Xiao Fan likes to read.
‘Great, there is even a CD inside the book!’
Xiao Fan is overjoyed. Elias gives him a set of
sand box toys as a gift: a bucket, a shovel, a rake and
two little baking pans. There is even a shovel excavator in the set.

本书，因为他知道小凡很喜欢看书。「太
bĕn shū, yīn wèi tā zhī dào Xiǎo Fán hĕn xǐ huān kàn shū . „ Tài

盘也在里面！」艾立给他一套沙坑玩具：
pán yě zài lǐ miàn ! “ Ài Lì gěi tā yí tào shā kēng wán jù :

具，甚至还有一辆堆土机。
jù , shèn zhì hái yǒu yí liàng dūi tǔ jī .

铲 辆 机
chǎn liàng jī
鏟ㄔㄢˇ 輛ㄌㄧㄤˋ 機ㄐㄧ

Dann rennen sie ins Kinderzimmer.
Elias hat sich sofort das Flugzeug
geschnappt. Xiao Fan nimmt den
Wassertank von einem Tankfahrzeug.
Mattan ist zum ersten Mal
in Xiao Fan‘s Zimmer.
„So viele Spielsachen!“
Mattan staunt.

然后他们冲进小凡的房间。艾立马上
Rán hòu tā men chōng jìn Xiǎo Fán de fáng jiān. Ài Lì mǎ shàng

莫唐是第一次进到小凡的房间。「有
Mò Táng shì dì yí cì jìn dào Xiǎo Fán de fáng jiān. „ Yǒu

后	们	冲	进	间	马	飞	机	贮	车	么	开
hòu	men	chōng	jìn	jiān	mǎ	fēi	jī	zhǔ	chē	mo	kāi
後ㄏㄡˋ	們ㄇㄣ˙	衝ㄔㄨㄥ	進ㄐㄧㄣˋ	間ㄐㄧㄢ	馬ㄇㄚˇ	飛ㄈㄟ	機ㄐㄧ	貯ㄓㄨˇ	車ㄔㄜ	麼ㄇㄜ˙	開

拿 了 飞 机 ， 小 凡 拿 起 贮 水 车 的 水 箱 。
ná le fēi jī , Xiǎo Fán ná qǐ zhǔ shuǐ chē de shǔi xiāng.

这 么 多 玩 具 啊 ！ 」 莫 唐 开 心 地 发 现 。
zhè me dūo wán jù a ! " Mò Táng kāi xīn de fā xiàn .

发 现
fā xiàn
發ㄈㄚ 現ㄒㄧㄢ

Elias spielt den Flugkapitän. Er fragt: „Ist das Flugzeug in Ordnung?“ Xiao Fan ist der Techniker. Er antwortet: „Alles ist in Ordnung.“ Er sagt weiter: „Aber wir müssen noch tanken.“ Mattan ist der Passagier. Er klatscht vor Freude und ruft: „Dann fliegen wir nach Afrika!“

艾 立 当 机 长 。他 问 道 :「 飞 机 状 况 一
Ài Lì dāng jī zhǎng . Tā wèn dào : „ Fēi jī zhuàng kuàng yí

切 都 良 好 吗 ?」小 凡 当 技 术 人 员 , 他
qiè dōu liáng hǎo ma ? “ Xiǎo Fán dāng jì shù rén yuán , tā

回 答 说 :「一 切 状 况 良 好 !」
húi dá shuō : „ Yí qiè zhuàng kuàng liáng hǎo ! “.

当	机	长	问	飞	状	嗎	术	员
dāng	jī	zhǎng	wèn	fēi	zhuàng	ma	shù	yuán
當	機	長	問	飛	狀	嗎	術	員

Elias plays the aircraft captain.
He asks: ‘Is the aircraft in order?’
Xiao Fan is the technician. He replies:
‘Looking good! However, the aircraft
has to refuel before take-off.’
Mattan is the passenger.
He claps his hands with joy and
shouts: ‘Let’s fly to Africa!’

他 继 续 说 ：「但 是 我 们 还 得 加 点 油 ！」
Tā jì xù shuō : „ Dàn shì wǒ men hái děi jīa diǎn yóu ! “

莫 唐 当 旅 客 ， 他 高 兴 地 拍 手 说 ：「那
Mò Táng dāng lǚ kè . tā gāo xìng de pāi shǒu shuō : „ Nà

我 们 就 飞 往 非 洲 吧 ！」
wǒ men jiù fēi wǎng fēi zhōu ba ! “

继	续	说	还	点	当	兴	们	飞
jì	xù	shuō	hái	diǎn	dāng	xìng	men	fēi
繼ㄐㄧˋ	續ㄒㄩˋ	說ㄕㄨㄛ	還ㄏㄞˊ	點ㄉㄧㄢˇ	當ㄉㄤ	興ㄒㄧㄥˋ	們ㄇㄣ˙	飛ㄈㄟ

Der Flug nach Afrika dauert sehr lange.
Alle bekommen Hunger.
Zum Glück haben sie eine
Flugbegleiterin. Mama bringt
Essen und Getränke.
Alle drei essen zufrieden
ihre leckeren Muffins.
„Ich bin bald so dick wie ein
Elefant in Afrika!“, sagt Mattan und
breitet seine Arme aus.

前往非洲的旅途很远，大家的肚子
Qián wǎng fēi zhōu de lǚ tú hěn yuǎn . dà jiā de dù zì

都饿了。幸好他们有个好「空姐」，妈
dōu è le . Xìng hǎo tā men yǒu ge hǎo „ kōng jiě “ , mā

妈送来了食物和饮料。
ma sòng lái le shí wù hé yǐn liào .

远	饿	们	个	妈	妈	饮
yuǎn	è	men	ge	mā	ma	yǐn
遠 ㄩㄢˇ	餓 ㄜˋ	們 ˙ㄇㄣ	個 ˙ㄍㄜ	媽 ㄇㄚ	媽 ˙ㄇㄚ	飲 ㄧㄣˇ

The flight to Africa takes a long time.
Everyone gets hungry. They are very lucky
to have a stewardess on board.
Mummy brings them food and drinks.
The three boys eat their delicious muffins with delight.
‘Soon, I’m going to be as big as an elephant in Africa!’,
Mattan says and stretches out his arms.

他们三个人很满足地吃着可口的小
Tā men sān ge rén hěn mǎn zú de chī zhe kě kǒu de xiǎo

蛋糕。莫唐张开手臂开心地说：「我
dàn gāo . Mò Táng zhāng kāi shǒu bì kāi xīn de shuō : „ Wǒ

很快就会长得跟非洲象一样胖了！」
hěn kuài jiù huì zhǎng de gēn fēi zhōu xiàng yí yàng pàng le ! “

们	个	满	着	张	开	说	会	长	样
men	ge	mǎn	zhe	zhāng	kāi	shuō	huì	cháng	yàng
們 ˙ㄇㄣ	個 ˙ㄍㄜ	滿 ㄇㄢˇ	著 ˙ㄓㄜ	張 ㄓㄤ	開 ㄎㄞ	說 ㄕㄨㄛ	會 ㄏㄨㄟˋ	長 【ㄓㄤˇ】	樣 ㄧㄤˋ

Nun sind die Kinder wieder gestärkt für neue Abenteuer. Da stehen zwei Schaukelpferde. Xiao Fan und Mattan klettern schnell auf die Pferde. Muss Elias nun zu Fuß gehen? Nein, natürlich nicht! „Zu zweit macht es doch viel mehr Spaß. Komm, Elias, steig mit auf!“, sagt Xiao Fan.

现在这三个男孩又有力气继续新的探险了。这里正好有两匹摇动木马，小凡跟莫唐快速地骑上马背。

Xiàn zài zhè sān ge nán hái yòu yǒu lì qì jì xù xīn de tàn xiǎn le. Zhè lǐ zhèng hǎo yǒu liǎng pī yáo dòng mù mǎ, Xiǎo Fán gēn Mò Táng kuài sù de qí shàng mǎ bèi.

现	这	个	气	继	续	险	里	两	动	马	骑
xiàn	zhè	ge	qì	jì	xù	xiǎn	lǐ	liǎng	dòng	mǎ	qí
現 ㄒㄧㄢˋ	這 ㄓㄜˋ	個 ˙ㄍㄜ	氣 ㄑㄧˋ	繼 ㄐㄧˋ	續 ㄒㄩˋ	險 ㄒㄧㄢˇ	裡 ㄌㄧˇ	兩 ㄌㄧㄤˇ	動 ㄉㄨㄥˋ	馬 ㄇㄚˇ	騎 ㄑㄧˊ

Now the children are energized for
new adventures. There are two
rocking horses in the living room.
Xiao Fan and Mattan mount the horses quickly.
Does Elias have to go on foot?
No, of course not! Xiao Fan calls:
‘It is even more fun in pairs. Come on, Elias,
get on my horse and ride with me!’

艾立得自己用脚走路吗？不，当然
Ài Lì děi zì jǐ yòng jiǎo zǒu lù ma ? Bù , dāng rán

不需要！小凡说：「两个人一起骑马
bù xū yào ! Xiǎo Fán shuō : „ Liǎng ge rén yì qǐ qí mǎ

更好玩！来，艾立，快跳上马来吧！」
gèng hǎo wán ! Lái , Ài Lì , kuài tiào shàng mǎ lái ba ! “

吗	当	说	两	个	骑	马	来
ma	dāng	shuō	liǎng	ge	qí	mǎ	lái
嗎 ㄇㄚ˙	當 ㄉㄤ	說 ㄕㄨㄛ	兩 ㄌㄧㄤˇ	個 ㄍㄜ˙	騎 ㄑㄧˊ	馬 ㄇㄚˇ	來 ㄌㄞˊ

生 日 庆 祝 会 怎 么 能 少 了 音 乐 ?! 艾 立
Shēng rì qìng zhù huì zěn me néng shǎo le yīn yùe ?! Ài Lì

在 书 房 找 到 电 子 琴 。 他 随 即 演 奏 起
zài shū fáng zhǎo dào diàn zǐ qín . Tā suí jí yǎn zòu qǐ

即 兴 创 作 的 旋 律 。
jí xìng chuàng zuò de xuán lǜ .

庆	会	么	乐	书	电	兴	创
qìng	huì	mo	yuè	shū	diàn	xìng	chuàng
慶ㄑㄧㄥˋ	會ㄏㄨㄟˋ	麼ㄇㄛ˙	樂ㄩㄝˋ	書ㄕㄨ	電ㄉㄧㄢˋ	興ㄒㄧㄥˋ	創ㄔㄨㄤˋ

as darf nicht sein! Elias hat im Arbeitszimmer ein Keyboard gefunden.
ie er gerade erfunden hat. Xiao Fan holt eine Flöte.
r singt gerne. Zusammen Musikmachen macht wirklich Spaß.

A birthday party without music? That just can‘t be! Elias finds a keyboard in the study. He plays a tune on it, which has just come to his mind. Xiao Fan gets his recorder. Mattan has no instrument. But he loves to sing. It is great fun making music together.

小 凡 拿 起 一 支 笛 子 吹 奏 起 来 ； 莫 唐
Xiǎo Fán ná qǐ yì zhī dí zi cuī zòu qǐ lái ; Mò Táng

找 不 到 乐 器 ， 但 是 他 很 喜 欢 唱 歌 。
zhǎo bú dào yùe qì , dàn shì tā hěn xǐ huān chàng gē.

一 同 演 奏 音 乐 真 的 很 好 玩。
Yì tóng yǎn zòu yīn yùe zhēn de hěn hǎo wán.

乐 yuè 樂 ㄩㄝˋ

欢 huān 歡 ㄏㄨㄢ

Mattan hat im Bücherregal ein Buch mit vielen Bildern entdeckt. „Das ist ja *Bobo, der Siebenschläfer!*“, ruft er erstaunt. Er sagt: „Das Gleiche habe ich auch zu Hause.“ Er kennt das Buch fast auswendig. Es ist immer wieder spannend. Doch auf einmal hört er draußen ein lautes Geräusch.

莫唐在书架上发现了一本有很多图
Mò Táng zài shū jià shàng fā xiàn le yì běn yǒu hěn duō tú

片的图画书。「这是『瞌睡鼠波波』！」
piàn de tú huà shū . „ Zhè shì „ Kē shuì shǔ Bō Bo “ ! “

莫唐惊喜地呼叫着说：「我家也有
Mò Táng jīng xǐ de hū jiào zhe shuō : „ Wǒ jiā yě yǒu

书	发	现	图	画	这	惊	着	说
shū	fā	xiàn	tú	huà	zhè	jīng	zhe	shuō
書ㄕㄨ	發ㄈㄚ	現ㄒㄧㄢˋ	圖ㄊㄨˊ	畫ㄏㄨㄚˋ	這ㄓㄜˋ	驚ㄐㄧㄥ	著˙ㄓㄜ	說ㄕㄨㄛ

In the bookcase, Mattan discovers a book with many pictures. ‘Oh, that is *Bobo, the dormouse*!’, he shouts in amazement. ‘I have got the same book at home.’ Mattan almost knows the book nearly by heart. It is exciting to read it over and over again. However, he suddenly hears a loud noise outside!

这 本 书 。」书 中 的 故 事 他 百 看 不 厌 ，
zhè běn shū . “ Shū zhōng de gù shi tā bǎi kàn bú yàn ,

几 乎 可 以 一 字 不 漏 地 背 诵 出 来 。
jī hū kě yǐ yí zì bú lòu de bèi sòng chū lái .

突 然 ， 他 听 到 很 大 的 声 响 。
Tū rán , tā tīng dào hěn dà de shēng xiǎng .

这	书	厌	几	诵	来	听	声	响
zhè	shū	yàn	jǐ	sòng	lái	tīng	shēng	xiǎng
這ㄓㄜˋ	書ㄕㄨ	厭ㄧㄢˋ	幾ㄐㄧˇ	誦ㄙㄨㄥˋ	來ㄌㄞˊ	聽ㄊㄧㄥ	聲ㄕㄥ	響ㄒㄧㄤˇ

„Ein Zug fährt vorbei! Mattan, komm schnell auf den Balkon!“, ruft Xiao Fan. Die drei Jungs klettern auf den Tisch und zählen die Waggons: „Eins, zwei, drei, vier, fünf, sechs, sieben, acht, neun, zehn.“ Der Zug ist ja ganz schön lang! Sie winken dem Zug hinterher. Die Mama von Mattan und der Papa von Elias winken ihnen auch von der Strasse zu. Das war wirklich ein schöner Geburtstag!

「有 一 辆 火 车 要 开 过 去 了! 莫 唐, 快 到 阳 台
„ Yǒu yí liàng huǒ chē yào kāi guò qù le ! Mò Táng, kuài dào yáng tái

上 来!」 小 凡 叫 着。三 个 男 孩 爬 上 桌 子 并
shàng lái ! “ Xiǎo Fán jiào zhe. Sān ge nán hái pá shàng zhuō zi bìng

一 起 数 着 :「一、二、三、四、五、六、七、八、九、十 。」,
yì qǐ shǔ zhe : „ yī , èr , sān , sì , wǔ , liù , qī , bā , jiǔ, shí . “ ,

辆	车	开	过	阳	来	个	并	数	着
liàng	chē	kāi	guò	yáng	lái	ge	bìng	shǔ	zhe
輛 ㄌㄧㄤˋ	車 ㄔㄜ	開 ㄎㄞ	過 ㄍㄨㄛˋ	陽 ㄧㄤˊ	來 ㄌㄞˊ	個 ㄍㄜˋ	並 ㄅㄧㄥˋ	數 ㄕㄨˇ	著 ㄓㄜ˙

‘Mattan, come quickly, a train is passing by!’, Xiao Fan calls. The three boys climb onto the table and count the wagons: ‘One, two, three, four, five, six, seven, eight, nine, ten.’ Wow, it is a long train! They wave good-bye to the train.
Down on the street Mattan’s mummy and Elias’ daddy wave to them, too.
It was really a wonderful birthday!

好 长 的 火 车 哦 ！ 他 们 向 火 车 挥 挥 手 。
Hǎo cháng de hǒu chē o ! Tā men xìang hǒu chē huī huī shǒu .

莫 唐 的 妈 妈 和 艾 立 的 爸 爸 也 从 街 上 向
Mò Táng de mā ma hé Ài Lì de bà ba yě cóng jīe shàng xiàng

他 们 挥 挥 手 。 今 天 真 是 美 好 的 一 天 ！
tā men huī huī shǒu . Jīn tiān zhēn shì měi hǎu de yì tiān !

长 们 挥 妈 妈 从
cháng men huī mā ma cóng
長ㄔㄤˊ 們˙ㄇㄣ 揮ㄏㄨㄟ 媽ㄇㄚ 媽˙ㄇㄚ 從ㄘㄨㄥˊ

太阳出来了！
你看见太阳了吗？

Die Sonne scheint!
Hast du die Sonne gefunden?

The sun is shining!
Have you found the sun?

长颈鹿
cháng jǐng lù / eine Giraffe / a giraffe

还没换好鞋，艾立就已经出现在门后面了。
门上面有什么动物？

Noch bevor er fertig ist, kommt Elias hinter der Tür hervor.
Was für ein Tier ist auf der Tür?

Before he has finished, Elias appears from behind the door.
What kind of animal is on the door?

每个小朋友都想要祝小凡生日快乐。
图上总共有几位小朋友？

Alle wollen Xiao Fan zum Geburtstag gratulieren.
Wie viele Kinder sind insgesamt auf diesem Bild?

All of them want to say ‘Happy Birthday!’ to Xiao Fan.
How many children are there altogether in the picture?

蓝 色、黄 色、绿 色
lán sè、huáng sè、lǜ sè

妈妈在桌子上摆了三个
不同颜色的杯子。
这三种颜色是：
蓝色、黄色、绿色。

Mama deckt den Tisch mit drei
Bechern in verschiedenen Farben.
Die drei Farben sind:
blau, gelb und grün.

Mummy sets the table with three
mugs in different colours.
The three colours are:
blue, yellow and green.

一个小桶、一把铲、一把耙子、
两个模具和一辆堆土机。
这些玩具在哪里？

Ein Eimer, eine Schaufel,
ein Rechen, zwei Backförmchen
und ein Schaufelbagger.
Wo sind die Spielzeuge?

A bucket, a shovel, a rake,
two little baking pans and
a shovel excavator.
Where are the toys?

艾立马上就拿了飞机。
你最喜欢的玩具是什么？

Elias hat sich sofort das Flugzeug
geschnappt.
Was ist dein Lieblingsspielzeug?

Elias snatches the plane right away.
What is your favourite toy?

莫唐高兴地说:「那我们就
飞往非洲吧!」
你知道非洲在哪里吗?

Mattan ruft vor Freude: „Dann
fliegen wir nach Afrika!“
Weißt du, wo Afrika liegt?

Mattan shouts with joy: ‘Let‘s
fly to Africa!’
Do you know where Africa is?

前往非洲的旅途很远,
大家的肚子都饿了。
你最喜欢吃什么?

Der Flug nach Afrika dauert sehr
lange. Alle bekommen Hunger.
Was ist dein Lieblingsessen?

The flight to Africa takes a long
time. Everyone gets hungry.
What is your favourite food?

小凡跟莫唐快速地骑上马背。
你骑过真的小马吗?

Xiao Fan und Mattan klettern
schnell auf die Pferde.
Bist du schon mal mit
einem echten Pony geritten?

Xiao Fan and Mattan mount
the horses quickly.
Have you ever ridden on
a real pony?

生日庆祝会怎么能少了音乐？！
你想在生日庆祝会上放什么歌？

Geburtstagsfeier ohne Musik,
das darf nicht sein!
Welches Lied hättest du auf deiner
Geburtstagsfeier gerne gespielt?

A birthday party without music?
That just can‘t be!
Which song would you like to play
at your birthday party?

莫唐在书架上发现了一本
有很多图片的图画书。
你最喜欢的图画书是哪一本？

Mattan hat im Bücherregal
ein Buch mit vielen Bildern entdeckt.
Was ist dein Lieblingsbilderbuch?

In the bookcase, Mattan discovers
a book with many pictures.
What is your favourite picture book?

三个男孩一起数着：一,二,三,四,五,六,七,八,九,十。
你也会用汉语、德语和英语从一数到十吗？

Die drei Jungs zählen zusammen:
Eins, zwei, drei, vier, fünf,
sechs, sieben, acht, neun, zehn.
Kannst du auch von 1 bis 10 auf
Chinesisch, Deutsch und Englisch zählen?

The three boys count:
One, two, three, four, five,
six, seven, eight, nine, ten.
Can you count from 1 to 10 in Chinese,
German and English?

传统字(Chuán-tǒng-zì)–traditionelle Zeichen, auch Langzeichen genannt

Vor der Schriftreform 1956 gab es in China die traditionelle Schreibweise, die malerisch die Figuren, Gegenstände, Begriffe u.s.w. zeichnete, wie zum Beispiel: der Drache

Before the writing reform in 1956, there was in China a traditional way of writing. It consisted of drawing figures, objects, concepts picturesquely. For example: the dragon

中国传统阅读方式—由上而下;从右往左

Traditionell las man in China die Zeichen von oben nach unten und von rechts nach links. Auf den Seite 36 bis 41 kannst du üben, so zu lesen wie die Chinesen im alten China. Dabei nicht vergessen: von hinten nach vorne! (ab Seite 41 also rückwärts!)

Traditionally, one reads the Chinese characters from top to bottom; from right to left. You can practice on pages 36 to 41, reading a story as the Chinese did during the ancient times. Also, do not forget to read from back to front! (start at page 41 and go backwards to page 36)

注音符号(Zhù-yīn-fú-hào)-phonetische Zeichen

Vor der Lateinumschrift (pīnyīn) in 1958 gab es in China die chinesischen phonetischen Lautschriften. Die Zhù-yīn-fú-hào ist empfehlenswert, besonders wenn die Vorschulkinder die deutschen/englischen und chinesischen phonetischen Zeichen gleichzeitig lernen. Verwirrung durch Verwechselung der Laute kann dadurch vermieden werden.

Hier ein paar Beispiele:
[Chinesisch] ≠ [Deutsch]

ㄐ [j] ≠ *j*a
ㄑ [q] ≠ *qu*ick
ㄒ [x] ≠ Bo*x*
ㄔ [ch] ≠ Mil*ch*
ㄘ [c] ≠ *C*ash
ㄙ [s] ≠ *S*and
ㄟ [ei] ≠ G*ei*ge

Before the phonetic transcription to Latin letters (pīnyīn) in 1958 in China, there were the Chinese phonetic scripts. The Zhù-yīn-fú-hào is especially recommended for children in preschool age, who learn the German/English and Chinese phonetic scripts at the same time.
The pronunciation confusion will be avoided by applying the Zhù-yīn-fú-hào.

For some examples:
[Chinese] ≠ [English]

ㄐ [j] ≠ *j*ingle
ㄑ [q] ≠ *q*uick
ㄒ [x] ≠ bo*x*
ㄔ [ch] ≠ *Ch*ina
ㄛ [o] ≠ b*o*x
ㄜ [e] ≠ b*e*
ㄟ [ei] ≠ h*ei*gh

ㄢ an	ㄞ ai	ㄚ a	ㄧ i	ㄗ z	ㄓ zh	ㄐ j	ㄍ g	ㄉ d	ㄅ b
ㄣ en	ㄟ ei	ㄛ o	ㄨ u	ㄘ c	ㄔ ch	ㄑ q	ㄎ k	ㄊ t	ㄆ p
ㄤ ang	ㄠ ao	ㄜ e	ㄩ ü	ㄙ s	ㄕ sh	ㄒ x	ㄏ h	ㄋ n	ㄇ m
ㄥ eng	ㄡ ou	ㄝ ê			ㄖ r			ㄌ l	ㄈ f
ㄦ er									

Vermerk / Note

ㄝ [ê] steht meistens hinten [i] und [ü]. Es wird einfach [e] geschrieben.
ㄝ [ê] comes almost after [i] and [ü]. It will be written as [e] ,

ㄧㄝ [ie] ; ㄩㄝ [üe]

莫唐在書架上發現了一本有很多圖片的圖畫書。「這是『瞌睡鼠波波』！」。莫唐驚喜地呼叫著說：「我家也有這本書！」。書中的故事他百看不厭，幾乎可以一字不漏地背誦出來。突然，他聽到很大的聲響。

「有一輛火車要開過去了！莫唐，快到陽台上來！」小凡叫著。三個男孩爬上桌子並一起數著：「一、二、三、四、五、六、七、八、九、十。」，好長的火車喔！他們向火車揮揮手，莫唐的媽媽和艾立的爸爸也從街上向他們揮揮手。

今天真是美好的一天！

生日慶祝會怎麼能少了音樂?!艾立在書房找到電子琴，他隨即演奏起即興創作的旋律。

小凡拿起一支笛子吹奏起來；莫唐找不到樂器，但是他很喜歡唱歌。一同演奏音樂真的很好玩。

現在這三個男孩又有力氣繼續新的探險了。這裡正好有兩匹搖動木馬，小凡跟莫唐快速地騎上馬背。艾立得自己用腳走路嗎？不，當然不需要！小凡說：「兩個人一起騎馬更好玩！來，艾立，快跳上馬來吧！」

前往非洲的旅途很遠，大家的肚子都餓了。幸好他們有個好「空姐」，媽媽送來了食物和飲料。

他們三個人很滿足地吃著可口的小蛋糕。莫唐張開手臂開心地說：「我很快就會長得跟非洲象一樣胖了！」

艾立當機長，他問道：「飛機狀況一切都良好嗎？」。小凡當技術員，他回答說：「一切狀況良好！」。

他繼續說：「但是我們還得加點油！」。莫唐當旅客，他高興地拍手說：「那我們就飛往非洲吧！」

小凡的朋友們終於到了，莫唐送小凡一本書，因為他知道小凡很喜歡看書。「太棒了！」小凡高興地歡呼：「還有故事光碟也在裡面！」艾立給他一套沙坑玩具：一個小桶、一把鏟子、一把耙子和兩個模具，甚至還有一輛推土機。

然後他們衝進小凡的房間。艾立馬上拿了飛機，小凡拿起貯水車的水箱。莫唐是第一次進到小凡的房間。「有這麼多玩具啊！」莫唐開心地發現。

下午，小凡請他最要好的朋友來家裡做客，他們是莫唐和艾立。小凡的客人馬上就要來了，他迫不及待地問媽媽說：「我可以把小蛋糕從冰箱裡拿出來了嗎？」。媽媽點點頭，並在桌上擺了三個小盤子和三個不同顏色的杯子。

小凡走進「幼鼠班」的教室，他高興地向幼兒園老師道：「早安！」。其他小朋友停止遊戲，從各個角落跑向小凡，每個小朋友都想要祝小凡生日快樂。小凡開心得臉頰通紅，他還從未有過這樣的經歷。

太陽出來了，今天是個很特別的日子，小凡滿四歲囉！媽媽一大早就起床烤了好多小蛋糕，這些小蛋糕是要給小凡和幼兒園其他小朋友吃的。上學要遲到了，小凡和媽媽趕緊拿著背包上幼兒園去。

小凡在人行道上飛快地踩著滑板車，很快地他和媽媽就來到幼兒園。跟平常一樣，他脫下外出鞋，穿上室內鞋。還沒換好，艾立就已經出現在門後面了，他等不及要向小凡說：「生日快樂！」。小凡向媽媽揮手說再見。